Alexander Wunderlich

Briefe an den Frühling

Verlag: tredition GmbH, Hamburg
978-3-7439-1152-9 (Paperback)
978-3-7439-1153-6 (Hardcover)
978-3-7439-1154-3 (e-Book)

Bibliografische Information der Deutschen Nationalbibliothek:
Die Deutsche Nationalbibliothek verzeichnet diese Publikation in
der Deutschen Nationalbibliografie; detaillierte bibliografische
Daten sind im Internet über http://dnb.d-nb.de abrufbar.

Eine Anthologie der Leidenschaften

Wenn die Naturgewalten sich entfalten,
frage die Göttin der Liebe:
Wirst Du mir treu sein?
Wird er mir treu sein?
Ja, solange es die Liebe gibt.

Wir fliegen durch die Ewigkeit als Gäste der Zeit

Lass mich Dich erkennen, damit ich erkannt werde.

Eine neue Liebe ist wie ein neues Leben.

Verführen kann nur, wer schon verführt ist.

Erotik ist das Verlangen, das Gute immer zu haben,
das Verlangen des Sterblichen nach Unsterblichkeit.

Wir reisen durch die Unendlichkeit in der Hülle der Sterblichkeit.

Sphären

Menschen leben in Sphären:
Alles was lebendig sein soll, muss eingehüllt sein.
Sphären sind instabil wie Glas und
Menschen ablenkbar für zweite und weitere Inspirationen.
Die Urerfahrung ist die Geburt,
der Entzug des ersten Ergänzers, der Mutter.
Dadurch entsteht das Wirken der Seele, die als morphisches Feld
den begehrenden Einzelkörper bewohnt,
offen für sphärenhafte Liaisonen mit weiteren Partnern,
angetrieben durch den Erkennungszauber.

Das Schöne ist dabei ein Medium der Schönheit, in dem sich eine vormenschliche oder außermenschliche Perfektionsstrahlung offenbart,
die einen erotischen Schauder auslöst und eine Heimwehspannung
mit Wunsch nach Dauer und Wiederholung dieses Zustandes.

Wenn die Sehnsucht auftaucht

In der Hitze der Nacht.
Und der Durst nach dem kühlenden Nass,
die Glut der Liebe erleidet und wieder und wieder geplagt wird
von der Lust der Vereinigung,
spreizen sich die Mängel der Seele
und verfangen sich im Netz der Venus,
die schon wieder dahinsegelt auf dem Meer der Liebe zu neuen Ufern,
Vereinigung suchend mit dem Anschwellen des Liebhabers.

Befeuchtet sie seine Glut mit kalten Küssen,
ermattet er dankbar verdurstend in der Wüste der Nacht,
das nächste Licht suchend.

Die Traurigkeit der Lust

Er war so lang und hart,
dass sich auch ihre inneren Lippen für ihn öffneten:
Mit lustvollen Jas öffnete sie sich ihm ganz.
Doch erreichte er sie ganz?
Es war so, als würde er das Weibliche vor sich hertreiben.
Ihr wunderschönes Gesicht leuchtete wieder in einem Orgasmus auf,
es hatte schon manche gesehen.
Nur selten umarmte sie ihn,
wenn er sich in sie verströmt hatte.

Dann gab sie ihm beide Brüste,
er liebkoste ihre pralle Härte und saugte die unendliche Lust aus ihr.
Gelegentlich verstärkte sie seine Traurigkeit, wenn sie andeutete,
sein Phallus sei etwas Besonderes.
Ihr Lob der lustspendenden Härte erinnerte ihn schmerzlich daran,
wer die Herrin der Lust war,
dass sie die Macht hatte, mehrere Härten zu erzeugen,
und sie entschied,
wer sich ihr entgegenwölben durfte.
Sie konnte es immer wieder tun,
sie war die Herrin der erotischen Realitäten,
auf der Jagd nach dem Orgasmus,
vielleicht weil sie wusste,
dass das Weibliche nicht dort ist, wo wir es suchen, oder mehrfach
existiert.
Und so stieß er noch einmal in sie und sie kam wieder mit einem
lustvollen Schrei.

Wände und Widerstände

Das Erlebnis der Härte,
wenn die samtige Kugel die Lippen der Nymphe berührt und diese
öffnet.

Vorbei an der zarten Knospe, die inneren Hüllen erkundend, umarmt
sie diese wundersame Mischung aus Zartheit und Härte,
zuckend und saugend mit ihren Wänden.
Dann spießt er sie auf, schwillt nochmals an,
Sie hat das Gefühl zerrissen zu werden –
Wellen der Lust durchfluten sie.
Er hält inne, stößt erneut zu und flutet sie pulsierend mit den Säften
seiner Lust.
Seine Kugel küsst ihren inneren Mund wieder und wieder,
als solle die Ewigkeit nie zu Ende gehen.

Nachdem sie seine Härte hervorgerufen und die Macht über seine
Lust gespürt hat, will sie erneut vollgepumpt werden mit dieser Le-
bensenergie:
Wenn sie ihn liebt, liebkost sie seine Aprikosen oder greift nach
dem nächsten Mal, wenn die Vorstellung von ihr ihn erhebt und sie
aufs Neue den Moment des Eindringens erwarten kann.

Warum will sie nicht nur ihn genießen?
Warum will sie nie wissen, wo und wie er die Lust empfindet?
Er beginnt sich zu fragen, wie sie eine Frau liebt,
ihre Lippen, ihre Knospen.
Warum begehrt sie sie?
Wer erobert wen, wie, womit?

Wie vermittelt sie Zartheit?
Wie vermittelt sie Härte?
Will sie phallisch sein?
Kann sie Phallus und Vagina zugleich sein?
Ja!
Nymphe und Phallus – die signifikante phallische Nymphe:
Hingabe und Eroberung sind ihr nur ein Spiel.
Warum?
Sie liebt die Vollkommenheit und die Schönheit, nicht das Geschlecht.
Deshalb dehnt sie die Macht ihres Körpers und ihrer Liebe auf alle schönen Körper aus.

Moralisch zu sein bedeutet nicht, ein Leben lang mit dem gleichen Mann oder möglichst wenigen zur Befriedigung der Lust den Körper exklusiv zur Verfügung zu stellen.
Der Geliebte ist die Erinnerung an die eigene Unbegrenztheit.
Freude zu geben und zu empfinden ist auch ein Gebot der Moral.
Das AMEFI-Prinzip kann dem entgegenstehen:

A   alles
M   mit
E   einem
F   für
I   immer

Liebe & Libido

Die wahre und reine Liebe ist das Opfer des Ichs für ein anderes Wesen.

Im Gegensatz dazu bedeutet der Satz »Ich liebe Dich« nicht immer, was er sagt:

Hinter dem Indikativ steht dann der Seduktiv,

d. h. der Satz wird ausgesprochen, um zu verführen.

Dann bedeutet er: »Ich begehre dich.«

Oder er drückt den Anspruch auf Liebe und Begehren aus – nicht aber die Liebe oder den Sex selbst.

So endet das, was Herausforderung und Verführung war, in Fürsorge:

»Verführen Sie mich,
lieben Sie mich,
verschaffen Sie mir Lust,
beschäftigen Sie sich mit mir.«

Das enthüllte Begehren

Lass mich Dich erkennen,
damit ich erkannt werde.
Ich verhülle mich,
damit Du mich enthüllen kannst.

Ihre Zuckungen stimulierten seine Lust.
Er war mit seiner langen harten Gier langsam,
Millimeter für Millimeter an ihren Knospen vorbei
in sie gedrungen,
erkundete ihre eleganten Wölbungen und spürte, dass sie ihn begehrte.

Der Blick in ihr Gesicht,
auf ihre Knospen ließ ihn noch länger werden.
Auch ihre inneren Lippen öffneten sich für ihn.
Doch erreichte er sie ganz?
Es war so, als würde er das Weibliche vor sich hertreiben.
Je tiefer er in sie eindrang, desto mehr entzog sie sich ihm.
Niemand konnte sie ganz besitzen.

Eine wissenschaftliche Theorie des Seitensprungs

Wir sind gefangene Ergänzer auf der Jagd nach der Lust.
Haben wir ein erstes Mal die neue Liebe gespürt und die lustvolle
Verschmelzung mit dem anderen Körper,
danach den Verlust des Objektes dieser Lust oder sogar Liebe,
so lösen ein schönes Gesicht oder ein schöner Körper Sehnsuchts-
signale aus:
Die Jagd nach der Lust verspricht, wenn auch nur vorübergehend,
Vervollkommnung:

Jeder ist der andere und keiner er selbst.
Die Lust auf, während und nach der Jagd schafft eine neue erotische
Realität,
so wie eine neue Liebe ein neues Leben ist.
Diese erotische Realität verspricht Rache und Vergeltung am Dau-
erpartner,
lässt den Alltag vorübergehend vergessen.

Begegnet man dabei der Liebe oder der Illusion dieser, entsteht da-
bei sogar das Gefühl, die Illusion der Wiederherstellung der Urvoll-
kommenheit,
bis dann der Objektverlust wiederkehrt und nach der Trauerphase
wiederum die Lust auf Heilung aufkommt.
So sind wir gefangene Ergänzer auf der Jagd nach der Lust.

Liebesklage

Die Offenlegung einer Affäre ist für beide Beteiligten eine schwierige Situation.

Zunächst war ich verletzt und traurig, weil Du mit einem anderen geteilt hast, was ich alleine haben wollte oder glaubte allein zu haben.

Ich bin Dir dankbar, dass Du mir Details erspart hast, wann, wer, wo es war, wie es war.

Jeder Mann fragt sich, so wie jede Frau, was hat der andere, was ich nicht habe? Und vielleicht sogar, wie es der Partner mit dem anderen getan hat.

War es wirklich nur ein One-Night-Stand und wie lang war die Nacht?

Der Schmerz tritt nach der Erkenntnis ein, dass die Vorstellung der Monogamie eine Illusion war.

Du hast routiniert und souverän reagiert, trainiert wohl aus der Zeit, da Du die Göttin der Jagd warst. Insofern hast Du in mir einen Denkprozess über die Monogamie und unsere Beziehung ausgelöst, der bei aller Belastung begrüßenswert ist.

Aber mache keine Gegenrechnung auf, dazu ist das »Fremdgehen der Liebe« zu ernst.

Was ist an einer außerpartnerschaftlichen (Liebes)Affäre attraktiv?

Wohl der Kontrast zu dem, was man schon hat, der andere Sex.

Warum ist dieser Unterschied attraktiv? Er ist der Beweis dafür, dass wir leben.

Eine Liebesaffäre schafft die Welt neu. Liebesaffären leben von der Bewegung, nicht vom Ergebnis, Orgasmus hin oder her, und wenn sie angekommen sind, sind sie zu Ende. Das hast Du wenigstens gesagt.

Aber warum hat der Betrogene solche Schmerzen?

Ich habe mich analysiert, was mir wehtat: Da ich weiss, wie gut wir im Bett sind, weiss ich, was Du einem anderen schenkst, wenn Du Dich ihm hingibst, und mir ist das nicht gleichgültig.

Da ich aber weiss, dass Du einer der loyalsten Menschen bist, die ich kenne, kann ich Dir das verzeihen, ja sogar sagen, dass Du es mir früher hättest sagen können. Ich hätte Dir mehr Recht auf Privatheit zugestanden, ein respektvolles Wegsehen, wenn Du das Abenteuer gebraucht hättest.

Vielleicht hättest Du mir das aber auch gewähren können und wir wären noch glücklicher gewesen. Und insofern ist es falsch zu lügen.

Aber vielleicht ist das ein gefährlicher Weg, denn bei mir löst das Fremdgehen des Partner mehr aus:

Die Furcht, dass die Liebe auch nur eine der großen Illusionen ist und daher letzten Endes scheitert, denn der Mensch ist zur Freiheit verurteilt.

Ich bleibe selbst zur Freiheit verurteilt, ebenso wie mein Partner frei ist und mich sehen kann, wie er will.

Wie ich Dir schon in großem Respekt sagte, Du gehörst Dir selbst, nicht mir.

Ich betone nochmals: Meine Liebe zu Dir ist so groß, dass sie mir wichtiger ist als sexuelle Treue, immer vorausgesetzt, es bleibt mir die Illusion, dass eine Affäre Dich im Bett oder seelisch nicht glücklicher macht, als ich es kann.

Dies schreibe ich Dir als meiner Vertrauten, der ich die Treue gehalten und nicht gehalten habe und beides in Liebe.

Von der Liebe

Eine philosophische Theorie des Seitensprungs.

Menschen sind sich treu, weil sie lieben,
und gehen fremd, weil sie es lieben, wenn die Liebe fremd geht.

Haben wir erst einmal die Liebe gespürt und die lustvolle Verschmelzung mit dem anderen Körper,
danach den Verlust des Objektes,
der Lust oder der Liebe,
so lösen ein schönes Gesicht oder ein schöner Körper Sehnsuchtssignale aus:
Die Jagd verspricht Vervollkommnung: Jeder ist der andere und keiner er selbst.

Die Lust auf, während und nach der Jagd schafft eine neue erotische Realität, lässt den Alltag vergessen. Begegnet man dabei der Liebe, was ja nicht ausgeschlossen ist, entsteht dabei sogar das Gefühl der Wiederherstellung der Vollkommenheit, bis dann der Objektverlust wiederkehrt und nach der Trauerphase wiederum die Sehnsucht nach Heilung.

So sind wir gefangene Ergänzer auf der Jagd nach der Lust.

Anders herum

Sie legt ihn auf den Rücken,
blickt ihm in das Gesicht,
er erkennt sie,
dann betrachtet er ihre Brüste,
staunt über ihre pralle Elastizität.
Ihre Lippen berühren ein erstes Mal seine Härte.
Ihre Wände baden in Vorfreude.
Ihre Perle kitzelt und bestaunt ihn, wieder und immer wieder.
Sie zieht sich etwas zurück,
dann schwillt er wieder in ihr an.
Wie bei einem Vulkanausbruch presst er sich gegen sie.
Sie hat das Gefühl zerrissen zu werden und möchte diese Sekunden
ausdehnen in die Ewigkeit.
Wellen der Lust durchfluten sie.

Die Göttin der Jagd

Ihn erblickend, Ihn bezaubernd, sein Interesse weckend mit dem
Magnetfeld Ihres Körpers, ihrer Seele.

Mit ihren Augen antizipiert sie die Stunden des Begehrens.
Für Sekunden, für Minuten, für Stunden.

Der ganze Körper will ihn und er Sie.

Jetzt, wann, wohin?

Küsse und Gestreicheltwerden.

Die Verwandlung des schlaffen Zubehörs,
wenn sie es gut und schön findet, mit ihm zusammen zu sein,
seine Größe und Härte hervorrufend,
erkennend, erfüllend,
weiß sie, was sie dafür tun muss.

Warum tut sie es?
Sie will die zarte Kugel spüren,
wenn sie sich den Weg bahnt ins Innere.
Diesen Augenblick will sie immer wieder haben.

Mit der Ahnung auf das Folgende:
Sein Drücken und Stechen,
langsames Heraus, wunderbares Hinein,
das Hin und Her an ihren Wänden.

Oft steuert sie die Sache selbst,
zieht sich zurück,
ergreift seine Lust,
ertastet seine Kugeln.
Sie möchte die Macht spüren über seine Lust,
sein Nehmen – aber es ist jetzt ihr Rhythmus,
sie umschlingt ihn,
sie treibt ihn zur Härte;
kurz davor, er schwillt noch mehr an,
drückt gegen die Wände,
öffnet sie ganz – wie weit lässt sie ihn vordringen? Bis zum Herz?

Wenn die Wellen der Lust sie durchfluten, vergisst sie ihn?
Ist er dann nur einer aus dem Spalier derer, die sie begehren?

Nur noch Phallus sein, nicht mehr fragen,
ganz in ihr sein, immer jagen.
Liebe geben.

Und sie: Wollte sie jagen, um zu verschmelzen,
um dieses Staunen zu erleben,
oder war er nur Lustmittel,
Mittel zum Zweck,
eine Orgasmus-Maschine, um die Träume der Klitoris zu erfüllen,
klitoral, vaginal, egal?

Von hier ist es ein weiter Weg zu dem System der Ekstase,
von der Stimulation der Klitoris an den Wänden entlang,
das härtere Brennholz in Brand setzend, um die zuckenden Wellen
kommen zu lassen,

von der Beherrschung seiner und ihrer Lust zum stöhnenden Vergessen:
nur noch Körper, der auf den Wogen der Lust zur Besinnungslosigkeit strebt.
Wie lange hält das süße Gefühl der Erlösung?
War ihr diese Nacht genug?
Wollte sie ihn wieder spüren?
War es er?
War es seine Lust,
ihre Lust?

Kurzfristige Erregung oder langfristige Leidenschaft?
Von der Verführung zur Ausweitung der Kampfzone:
Die Spermien kommen und gehen, die Testosteronmoleküle bleiben:
sie reisen über die Blutbahn zu den Rezeptoren ihrer Nervenzellen,
docken an wie die Eichel an die Klitoris,
fachen die Lust auf mehr an, auf ein Immerwieder:
bedingungslos – hemmungslos – grenzenlos.

Auch wenn man in das Innere vordringt,
die Hemmschwelle senkt, die Lust steigert:
Die Hüterin der Monogamie war sie nicht.
Die Göttin der Jagd wollte die absolute Leidenschaft immer wieder spüren.

Das Erlebnis der Zartheit

Ihre Lippen liebkosten sich,
öffneten sich mit einem Hauch.
Sanft legte sich ihre Wölbung um seine Härte.
Sie ahnte das Folgende.
Die Vorahnung war für sie das Erregendste,
das sanfte Hinein,
ein langsames Zurück,
dann, nach vielen Malen,
das wundersam-grausame Vordringen zum tiefsten Punkt.
Ihre Zuckungen stimulierten seine Lust.
Sie wusste, dass er vor seinem Höhepunkt noch einmal breiter würde,
ihre Wände ausdehnte in die Tiefen der Lust.
Als er wieder weicher wurde, gab sie ihm ihre Brüste und wollte ihn
nicht wieder hergeben,
ein glücklicher Schleier lag auf ihrem Gesicht.

Liebe ist wie eine Nische der Ewigkeit im Meer der unendlichen
Sterblichkeit.

Verliebtsein ist kein Bleiben in der Ewigkeit,
sondern die Unterbrechung der Sterblichkeit.

Besuch bei den Quellen

Die unbekannte Schöne – größer als angenommen,
mit einer schönen Perle beginnend, ziehen Dich ihre Arme hinein in
den Tempel des Weiblichen,
vorbei an den sich öffnenden Lippen der Lust:
sie umarmen Dich,
küssen Dich,
umschließen Dich,
bis Du Teil ihrer pulsierenden Wellen bist.

Der Orgasmus als Feind der Liebe

Begegnung mit dem lebensspendenden Teil der kosmischen Schöpferkraft.

Die feminine Urmacht zieht uns an.
Nach Erkennung öffnet sich die Frau und gewährt dem Phallus den Besuch der weiblichen Elemente.
Der Phallus des Gefährten wird zum Gefährt der Begegnung und vorübergehenden Vereinigung.
Der Mann kann dabei seine Genitalphase verlassen und in das Reich der Frau eindringen, um dem Weiblichen zu begegnen.
Der Phallus kann dabei zum bewusstseinserweiternden Gefährt werden.
Er darf sie besuchen und sie berühren, ohne sie zu besitzen.
Sein Orgasmus ist dabei der Feind der Liebe.

Der Traum des Phallus

Jene Perle, die zu einer anderen strebt,
der unbekannten Schönen,
verhüllt vom Mantel der Venus.

Sie zu liebkosen, dringt er in das Reich des Weiblichen ein.
Er darf es aufschließen und zum Pulsieren bringen,
beherrschen kann er es nicht:
Sie ist zehnmal größer als angenommen,
doppelt so groß wie die Illustrationen der Fachleute vermuten lassen, sie gilt als klein und nicht erektionsfähig.
Klein« und zart ist nur der vordere Teil, die Perle: ein bis fünfzehn Millimeter..
Riesig ist ihre Empfindsamkeit: 8000 Nervenenden, die sie mit dem Gehirn verbinden, dem eigentlichen Resonator der Wogen der Lust.
Die Größe des Schaftes beträgt bis zu vier Zentimeter, die dann folgenden Schenkel haben eine Länge von sieben Zentimetern und können es mit Perle und Schaft mit jedem Phallus aufnehmen.
Deswegen darf ich sagen:
Der Phallus ist die Klitoris des Mannes. Die Klitoris der Phallus der Frau.
Wobei ich mir der »Vermännlichung« des Wesens der Klitoris dabei bewusst bin und ergänzend hinzufügen darf, dass der Phallus eine viel geringere Orgasmusfähigkeit aufweist.
Und da wagte es Siegmund Freud zu fragen: »Was will die Frau?«

Briefe an die Klitoris

Geliebte sensible Rosenknospe
Perle zwischen den Lippen
Schlüssel zum Paradies
Wächter der lustvollen Lippen
Schwester und Partner des Phallus
Beide anschwellend vor Lust

Rose ohne Dornen?

Süße sensible Perle,
lass dich küssen und berühren.
Erschließe mir das Tal der Lüste,
lass mich deine Schenkel spüren.
Keine deiner Schwestern,
die ich je berührte,
konnte dir das Rosenwasser reichen

Die Sorge der Göttin nach der Jagd

Sie hatte ihre Lust hinausgeschrien
und ihn dann weiterempfohlen.

Es folgte der postorgiastische Albtraum.

Sie erwachte, nachdem sie ihn verloren, verfolgt, gesucht
und gefunden hatte: in einer anderen …

Die Phallusfalle

Die Sorge der Göttin nach der Jagd:
Sorge und Frust nach unendlicher Lust folgen polyamore Unterstellungen:
Darf es eine mehr sein?
Darf es keine mehr sein?
Nur die eine darf es sein, ansonsten darf es keine sein.

Nach der Zeit der polyamoren Jagdabenteuer soll jetzt dem AMEFI-Prinzip gehuldigt werden:
Galt früher »Treue ist auch keine Lösung«, so hieß es jetzt: »Dein Phallus gehört mir und soll mir treu sein für immer.«

Bedeutete dies nun, dieser eine war ihr genug?
Oder war sie sich seiner Lust nicht sicher?
Fürchtete sie um ihre erotische Stellung im Meer der grausamen Unabhängigkeit der Göttin der Lust, oder hatten ihre eigenen Jagderfahrungen sie von der Treulosigkeit der Phalli überzeugt?
Sie kannte das polyamore Begehren und unterstellte das unbedingte und treulose Diktat der Göttin der Lust.

Ihn machte das so betroffen, dass auch er nach einer Lösung suchte:
Zunächst wollte er ihr diese Sorgen aus dem Gehirn vögeln, aber er fürchtete die Verstärkung der Symptome und die eigene Erschöpfung.
So schlug er den Göttern eine Evolution der Männlichkeit vor:
Die angenommene oder tatsächliche systemimmanente Untreue sollte durch Verdoppelung überwunden werden. So wie die Klitoris zwei polyorgiastische Schenkel hat, müsste es fairerweise zwei Phalli geben: Einen für die Treue und einen für die Jagd.

Postkoitale Albträume

Auch wenn oder weil er immer wieder tief in sie eindrang,
und die Schreie der Nacht mitgeteilt hatten,
dass er seine Lust nur in ihr suchte,
fürchtete sie, in Besitz genommen zu werden.
Und so suchte sie ihn in ihren postorgiastischen Albträumen in
fremden Tempeln oder wollte ihn dort finden.

Um die Unabhängigkeit ihrer Orgasmen nicht der Signifikanz sei-
nes Phallus zu opfern,
sollte er die Reinheit seiner Orgasmen in fremden Venusfallen ver-
lieren.
Um die Unabhängigkeit ihrer Orgasmen von seinem Phallus wie-
derherzustellen
und wie einst die Freiheit ihres Vögelns der Lust der Orgasmen mit
ihm nicht zu opfern.

Von der Polyorgasmie in die Polyamorie.

Das Geheimnis des Orgasmus

Der Orgasmus ist eine Botschaft der Lust,
mit der Bitte, nicht zu sterben.

Wir reisen durch die Unendlichkeit in der Hülle der einsamen Sterblichkeit.
Durch den Orgasmus hindurch gelangen unsere Moleküle in das Reich der unsterblichen Ziele.
Es enden Leid, Schmerz und Sterblichkeit im Rausch der Moleküle.
Es erreichen die Gefühle das Reich der Liebe.

Die Geliebte der Nacht

In der Tiefe der Nacht,
wenn die Lust zurückkehrt
und der heißen Stab mit der samtenen Kugel
neben dem kühlenden Tempel ruht,
will er nicht allein sein,
sucht er seine Erektion zu umhüllen
und sich trösten zu lassen von sanften zarten Wänden,
die sein Verlangen nach dem Guten stillen.

Die Geliebte der Nacht ist die Hülle des Phallus,
auf der Suche nach der unendlichen Erektion.

Briefe an die Klitoris

Geliebte sensible Rosenknospe
Perle zwischen den Lippen
Schlüssel zum Paradies
Wächter der lustvollen Lippen
Schwester und Partner des Phallus
Beide anschwellend vor Lust

Die Kugeln

Er erblickte Sie und ging auf die Reise zu ihr.
Er umspielte die Knospen.
Er fühlte die Kugeln.
Er saugte sie in sich hinein: Rosenbalsam.
Das Delta lag vor ihm.
Der Mast trug die pralle Kugel in ihre Nähe.
Sie erblickte sie und konnte sich entscheiden.
Langsam inhalierte sie die Kugel und umspannte sie mit ihren Lippen.
Er blieb ganz still und wartete, was sie wollte.
Sie öffnete und schloss die Blätter.
Es war wie das Eindringen in die wertvollste Blume.
Durch ihre Blüte schob er sich in ihren Stängel,
ließ ihn gleiten in ihren Weiten.
Sie umgriff ihn mit den Wänden und ihren Händen an den Lenden,
ließ ihn sich wenden hin und her,
stark und sehr, immer mehr.
Es wurde härter, es wurde länger,
sie wurde enger.
Sie war so weich und tief wie ein Teich.
Er erreichte an seinen Wänden in ihren Händen
die tiefsten Tiefen und die höchsten Höhen.
Sie ließ in nicht fallen.
Er durfte in ihr wallen zu ihrem Gefallen.
Er flutete sie ganz und sie erkannte ihn ganz.

Die Kugel

Lass Dir die Kugel geben.
Gib sie Dir, bis es tiefer nicht mehr geht,
bis auf den tiefsten Grund,
dort, wo der süße Mund,
den niemand sieht,
 auf die Küsse wartet.
Lass ihn in die Tiefe sinken zum Grunde Deiner Lust.
Beantworte die Vorstöße mit den Zuckungen der Wände
und sende die Schreie Deiner Lust zum Schaft, der den Nektar
schafft.

Das Geschenk der Erektion

Wenn das Wunder der Natur sich erhebt,
will sie ihn zwischen ihren Lippen spüren,
die Erregung des Eindringens kostend,
dann das Vordringen,
wenn sich die pralle Kugel,
die Wände weitend,
in sie schmiegt,
mit langsamem Hinaus und lustvollem Hinein
bis zu den Zuckungen der finalen Ausdehnung.

Wächterin der Lust

Hülle der Freuden
Tempel des Lebens
Lass mich in Dich eindringen
In die Hüllen Deiner Lust
Lass mich die tiefste Tiefe erfühlen

Sehnsucht

Und erlöse mich nicht von der Leidenschaft,
die die Liebe schafft.
Erhalte mir die Sehnsucht nach dem einen Menschen
und lass ihn mich so sehen
wie die Götter ihn gemeint haben.

Sanfter Eindringling

Langer Stab, Partner der Perle.
Mast im wogenden Meer der Lüste.
Zuckender Liebling der Götter.
Zeig mir Deine Kugeln,
flute und woge in mir.
Erfrische mich mit Deinem Nektar
und bleibe in mir.

Die Kunst der Verführung

Niemand kann Dich verführen,
der nicht schon verführt ist.

Du bist immer in der Position des begehrten Objektes und wolltest
dieses Privileg so lange wie möglich oder niemals verlieren.
Denn wer die Indifferenz gegenüber dem Begehren aufgibt, wird
verwundbar und lernt alle Formen des Leidens kennen.

Der Mann ist berauschtes Subjekt, Waisenkind des Begehrens.
Jede Verführung beruht darauf, den anderen glauben zu machen,
dass er Subjekt des Begehrens ist, ohne dass man selbst in diese
Falle geht.

Die schöne Frau weiß, dass ihre Sinnlichkeit und Schönheit,
ihr nackter Körper die heilige Form des reinen Ereignisses sind,
welches sie zu jeder Zeit für sich selbst darstellt.
Die Verführung ist dann ein Schmuck des Körpers, kein Besitzan-
spruch.

Dieser Grundform der Verführung bist Du niemals beraubt worden,
insofern bist Du immer Du selbst geblieben:
Wenn Du willst, brauchst Du nicht zu verführen.
Du gewinnst immer.
Es ist etwas in Dir verborgen,
das man nicht besitzen kann:
Die feminine Urmacht des Alls.
Du bleibst Herrin des Spiels.

Du kannst immer entscheiden, ob Du nur nachgeben oder Dich hemmungslos hingeben willst.
Das ist die Logik der Lust.
Aber wenn man zu Dir kommt,
löst sich alles andere auf, bleibt das Böse zurück.

Im Orgasmus verschwindet die Vergangenheit und vereinigen sich potenziell Gegenwart und Zukunft.

Perle zwischen den Lippen

Lange Schenkel ausbreitend,
die Blütenblätter öffnend und schließend.
Geliebte Partnerin der Nächte,
Vorbild und Ziel des steifen Mastes.
Ihn lockend, stützend, tröstend und begehrend.
Wächterin des Tempels der Löwin.

Lass Deine Knospen erblühen

Lass Deine wogenden Täler streicheln,
bis er sich aufrichtet und sie sich öffnet.
Lass die Härte des Priapos die Stürme der Lust in Dir erwecken.
Lass ihn die pralle Spitze spüren,
damit sich der Hafen öffnet und der Mast einlaufen und anlegen kann,
an den Küsten der Lust,
nachdem er hin und her gesegelt ist.

Kontrolle

Damit hatte er nicht gerechnet:

Für ihn hatte es gut begonnen.

Sie hatte sich scheinbar verführen und die Augen verbinden lassen. Er freute sich auf eine Entdeckungsreise. Er durfte sich aufrecht zwischen ihre Schenkel knien und diese spreizen. Er hatte den vollen Blick auf ihren Liebeshain und wollte mit ihr spielen

Doch es kam anders.

Sie umschloss seine Erektion mit der Faust und presste jede seiner Kugeln bis an die Schmerzgrenze. Er war in ihrer Hand aber nicht in ihr.

Nach einiger Zeit hielt er es nicht mehr aus.

Sie entsaftete ihn bis auf den letzten Tropfen.

Befreit von seiner Milch musste er sich erholen.

Als er sie besitzen wollte, bot sie ihm das Gleiche:

Sie hielt seine Erektion mit der Faust fest und wölbte sich ihm entgegen. Sie erlaubte ihm nur die Erkundung ihrer Pforte, rotierte wie sie wollte und erlaubte sich die Erkundung ihrer sensiblen Areale, aber nicht das Eindringen in ihren heiligen Hafen.

So hielt sie ihm und sich die Treue.

In den Tiefen Deiner Lust

Wenn nach der Passage der großen Knospe mit den Rosenblättern mein Zauberstab an den Wänden des Paradieses in die Tiefen Deiner Lust gleitet und sie Dir bereitet, erlösen mich die stöhnenden Küsse.

Lustvoll lockst Du mich immer länger in Deine Tiefen,
dort wo es nur noch Lust gibt
aus der man nicht mehr auftauchen möchte in diese Welt.
Für immer Dein sein, in Dir allein sein.

Ich bete Deine Träume an,
mit zärtlich Stößen,
lasse Dich so groß tief und weit werden,
wie meine Sehnsucht.

Deine Orgasmen sind wie Diamanten,
die glitzernd und scharf in meinen Phallus dringen
und ihn zwingen, Dir die Lust zu bringen,
innezuhalten und nur bei Dir zu wohnen.

Im Tal der Lüste

Wo die Wölbungen der Göttin Rosenknospen tragen,
den Nektar der Götter spendend,
wo Phallus die Klitoris küsst,
um in die tiefen Täler der kosmischen Lüste eindringen zu dürfen
wo heiße Wände seine Härte langsam zu Wachs schmelzen lassen,
das sich dann Leben spendend, Leben schöpfend in sie ergießt

Die Zwillinge der Göttin

Gefäße für den Nektar der Götter,
der aus den prallen Rosen kommt.
Die Wölbungen mit der Rosenknospe,
bei Berührung aufblühend,
sanfte Wellen in die Gefilde der Liebe sendend.

Schön ist es, sanft an sie die Hände anzulegen,
sie Wogen zu lassen in Erwartung der köstlichen Wonnen,
sich Lust, Liebe, Trost geben zu lassen auf den sanften Hügeln
der Göttin des Himmels,
die aber auch die Härte des Mastes prüft,
bevor sie ihm Einlass gewährt in ihre Lotusblüte,
auf dass er den heißen Stürmen ihrer Lust standhält,
ohne sich in der Brandung des Hafens in Schaum aufzulösen.

Er muss mit seiner Härte die Göttin erkennen,
seine Kugel muss die Rosenknospe bitten in den Hafen eindringen
zu dürfen.
Nach vielen Anlegemanövern und langen Hin und Hers,
darf er die duftenden Früchte seiner prallen Äpfel
in ihren Schoss legen.

Der schlaflose Phallus I

Der schlaflose Phallus suchte nach der Geliebten der Nacht.
Sanft weckte er ihre Lippen und senkte den Mast,
der nicht schlafen wollte,
in das Hafenbecken,
wo er leise und langsam hin und her segelte.
Ein zu tiefes Eindringen hätte ihr die vollkommene Lust geben und
sie wecken können. So vermied er den Gipfel der Ekstase und ver-
ließ sie nach langer Zeit ungeknickt, um am Morgen wiederum in
sie einzulaufen, um ihr den Orgasmus zu schenken.

Der schlaflose Phallus II

Der schlaflose Phallus suchte unermüdlich nach der Geliebten der Nacht.

Sanft weckte er ihre Lippen und küsste sie mit der Spitze seines Mastes wach und senkte ihn zärtlich in ihr Hafenbecken.

Im Tempel der heiligen Vereinigung war sie schon ganz da und doch weit weg.

Ungekühlt verließ er sie nach langer Zeit, um am Morgen aufs Neue in sie einzulaufen.

Sein Orgasmus erinnerte sie daran, dass er ihr in dieser Nacht die Treue geschenkt hatte, hätte er doch mit diesem Mast eine weitere Frau in das Paradies entführen können.

Aber er wusste, der Orgasmus kann der Feind der Liebe sein.

Der schlaflose Phallus III

Priapos weckte sie aus dem Schlaf,
und flutete ihr Hafenbecken.
Wenn er nachts tief in sie eindrang, war an Schlaf nicht zu denken.
Sein wacher Mast erküsste sich die Erlaubnis einzulaufen.
Dann war keine Ruhe mehr in ihrem Hafen.
Sein heisser Mast fuhr hin und her
und legte immer nur kurz an,
um sie mit den Stößen des Priapos daran zu erinnern,
dass es besser sei, mit ihm auf den Wellen der Lust zu reiten, und
nicht in einem anderen Boot zu segeln
Er verließ sie ungeknickt, um am Morgen aufs Neue in ihren Hafen
einzulaufen.

Der heilige Orgasmus

Öffne die Blume Deiner Lust,
zeige mir Deine Ekstase.
Lass mich unsere Ekstase fühlen.

Wenn der Pfahl eingedrungen war, schloss sie die Augen und öffnete den Mund.
Die Rosenknospen schwollen an.
Ihre elastischen Wände reflektierten seine Stöße:
Er hielt inne, sie genoss – sie verlangte nach mehr, er gab es ihr:
Sie bäumte sich auf.
Ihre sanften Wände liebkosten ihn mit sanften Wellen und gaben ihm Raum ohne Ende und sagenhafte Lust.

Das Geheimnis des Orgasmus

Der Orgasmus ist eine Botschaft der Lust
Mit der Bitte, nicht zu sterben.

Wir reisen durch die Unendlichkeit in der Hülle der einsamen Sterblichkeit.
Durch den Orgasmus hindurch gelangen unsere Moleküle in das Reich der unsterblichen Ziele.
Es enden Leid, Schmerz und Sterblichkeit im Rausch der Moleküle.
Es erreichen die Gefühle das Reich der Liebe.

Aus der Wüste

Er kommt aus der Wüste zu suchen die Blume,
in deren Blüte die Quelle wohnt.

Wo sind die Küsten, an denen die Blüten wohnen,
die zu besuchen sich lohnt?

Man muss erblicken und erblickt werden,
damit der Nektar sich bilden kann.

Mit den schönen Molekülen, die zu erleben ohne zu erbeben oder
gar zu schweben man sich nicht entziehen kann.

Lass Dich erblicken zu Deinem und meinem Entzücken.
Lass Dich erkennen und blühe weiter.

Nach der Trockenheit

Nach der Trockenheit der Wüste sehnte er sich
nach den Hügeln und tiefen Tälern,
umspielt von den Lippen,
obwohl er nicht weiss, wo sie wohnt:
die Stelle mit der heiligen Quelle.

Er steht an ihrer Küste.
Sie zeigt die schönen Brüste.
Er darf an sie rühren.

Sie lässt sich begehren ohne sich zu wehren.
Er darf ihr bringen auf zarten Schwingen
das süße Erklingen.

Er darf sie erkunden,
darf fühlen die Konturen
und fühlen die Knospen
umfahren die Lippen
ertasten den Stängel.
Er darf in ihn gleiten
und ihn weiten.
Er darf ihr bringen mit sanfter Kraft,
was Lust ihr schafft.

Sie lässt ihn eintauchen an dieser Stelle,
wo er vermutet die Quelle,
die heilige Stelle,
wo sich bildet das Leben

und das Schweben zwischen Raum und Zeit,
zum Vergessen der Endlichkeit.

Die heilige Stelle mit der süßen Quelle
die sie alle begehren
die sie wollen entleeren in heissem Begehren.

Er bringt sich ihr hin – sie gibt sich ihm hin.

Er steckt in ihr der ganze Schaft mit ganzer Kraft.
Er bohrt sich an die Stelle,
er will an die Quelle,
er will aus ihr trinken,
dann in ihr versinken – für immer.

Er will nicht mehr auftauchen,
er will in ihr ertrinken.
Sie soll ihn umarmen und nicht erlahmen.
Er taucht immer tiefer,
sie steigt immer höher,
sie leuchtet immer heller,
es blitzt immer schneller –
das Helle und das Dunkle.

In dieser Quelle ist die heilige Stelle,
wo sie wohnen, die magischen Kräfte,
die geben und nehmen das reine Schweben.

Nachts

Nachts dringen die Ideen von Dir zu mir.
Auch Deine Idee von mir zu Dir?
Lass es mich wissen.
Für heute,
hoffentlich für lange oder für immer Dein.
Für immer uns.

Isis, Schwester des Osiris

Die löwenköpfige Göttin,
die sich niemandem unterwirft,
den Kosmos in Gang hält,
das Heilige repräsentierend,
rein und faszinierend,
Männer in Mehrzahl sehend
Leidenschaftlich für sich selbst, nicht für einen.
Liebe und Sexualität trennend.

Hafen und Heilerin des heimatlosen Phallus.
Hüterin der magischen Quelle an der heiligen Stelle,
wo das Spiel der Elemente des Lebens stattfindet.

Eis am Stil?

Es war so herrlich anders.
So hart, so zart.
Zum Spielen und zum Fühlen.
Mit Länge und mit Breite.
Es reagierte auf Verführung und jede Berührung.
Es ließ sich erwecken,
man konnte es necken.
Seine Hülle war verschieblich und beweglich.
Sie schmolz unter der Zunge.
Es hatte eine Spitze wie eine Spritze.
Ein Wunder der Natur,
zu öffnen das Tor.
Man konnte es nutzen
als Boten an jedem Lustknoten.

Das andere

Wo ist es?
Was ist es?

Es berührt sie.
Es verführt sie.
In eine andere Welt,
die beiden gefällt:

Sie setzt sich auf seinen Mast.
Sie segeln zu zweit auf einer Insel der Zeit durch die Unendlichkeit.

Trance

Auf der Suche nach der Lust
erblickt er ihre Brust.
Seine Lippen berühren den Nektar –
das ließ die Blüten knistern.
Er schob sich in das Tal.
Es war so schmal.
Seine Wellen erreichten wundersame Stellen.
Aus einer Perle wurden viel.
Perlen im Seidenschal, wie ein zärtliches Futteral.

Er griff nach den Zwillingen,
er hielt sie fest.
Sie erreichten den Gipfel.
Unter ihnen drehte sich die Erde.
Er ließ sie nicht,
drang noch fester in sie ein.
Jetzt brachen die Wände.
Schreie der Lust kamen aus ihrer Brust.
Sie tat es kund.
Sie wollte mehr.
Er wollte mehr.
Sie wollten sein im unendlichen Raum,
im Rausch der Kristalle –
er gab sie ihr alle.
Ihre Wände bebten,
beide entschwebten.

Wenn die Seele neue Zellen sucht

Sich vor dem Untergang bewahren,
auf der Suche nach dem Schönen und Wahren.

Werden wir Erde sein oder Sternenstaub?

Wenn die Sonne sich erhebt
und ihre Energie einschwebt,
schwingen über dem Ozean die Moleküle des Lebens,
beginnt der Tanz der Quanten:
In Quantenschwebungen in vielen Erregungen

Leben in zwei Welten:
In der belebten und unbelebten Sphäre,
Wanderer zwischen den Welten,
auf der Suche nach neuen Zelten,
bekämpfen die Moleküle der Liebe die Schatten der Endlichkeit,
wie Wellen auf planetarischem Papier.

In der Lagune der Liebe

Wenn die Sonne sich erhebt
und ihre Energie einschwebt.
Das ewige Wasser des Weltalls:
die Sphären durchmessend,
die Haut des Planeten bedeckend,
die Moleküle verbindend.

Nachts träumte ich wir wären wie Pflanzen:
Jenseits der Dinge.
Dann stieg ich in den Ozean.
Der Ozean bist Du,
wenn sich Deine Brustspitzen heben,
zum Himmel schweben,
feucht vom Regen.
Wenn ich auf den Urgrund sinke,
mit Deiner Brüste Zwillingsglühen
in meinem Mund.
Im Versinken der Welten,
wenn die Statue in den Wogen liegt
und im Ringen mit dem Schwingen des Ozeans
die vollendete Größe erreicht,
bei jeder Welle die Energie des Weltenbeckens spürend,
die Haut des Planeten berührend.
Mit dem Entschweben schwingt empor
jeder Tropfen des Lebens
aus den Wogen der Tiefe.

Die Äpfel der Venus

Ich möchte sie pflücken und kosten ihre Knospen.
Ich möchte spüren den Duft ihrer Blätter.
Ich möchte pflügen ihr Beet.
Ich möchte eintauchen in ihren Kanal
und spüren das zärtliche Futteral.
Ich möchte berühren die heiligen Stellen
und umtosen mit meinen Wellen.

Treue

Was ist die Treue wert,
wenn die Liebe einen Menschen überfällt:

Die unstillbare Sehnsucht
nach Ganzheit,
nach Erkennen des anderen,
nach Erkanntwerden,
nach Gespiegeltwerden,
sich Verschenkenkönnen.

Treue als Verbot von Neugier und Sehnsucht
oder Treue zur Liebe, zur Erkennung des Neuen und Anderen?

Treue heißt, die bisherige Liebe zu bewahren,
den anderen vorübergehend, aber nicht auf Dauer zu besitzen.
Besitzen kann man nur den Nachhall einer Liebe,
denn Augenblicke der Liebe sind ewig.

Die Verführung

Wenn mich der duftende Mond spazierenführt,
wenn mich die Liebe verführt
auf eine Reise zu den Sternen,
zu umarmen Deine Unendlichkeit,
zu vergessen die endliche Zeit:

Ich liebe Dich wie den Regenbogen am Himmel.
Bevor ich Dich liebte, gehörte mir nichts.

Du bist mein Baum der Erkenntnis.
Deine Schönheit ist der Himmel,
aufrichtig wie Deine Hand,
die mich führt an Land.
Nackt bist Du wie das Sandkorn am Meer.
Ich will davon immer mehr,
zu formen den Ton der Liebe,
den Kuss aus dem klaren Lehm

Zeitfracht Medien GmbH
Ferdinand-Jühlke-Straße 7
99095 Erfurt, Deutschland
produktsicherheit@kolibri360.de